Impressum
Verlag: BABADADA GmbH, Nedderfeld 112 , 22529 Hamburg
Geschäftsführer / Verlagsleitung: Harald Hof
Druck: Books on Demand GmbH, In de Tarpen 42, 22848 Norderstedt

Imprint
Publisher: BABADADA GmbH, Nedderfeld 112 , 22529 Hamburg, Germany
Managing Director / Publishing direction: Harald Hof
Print: Books on Demand GmbH, In de Tarpen 42, 22848 Norderstedt, Germany

mokykla
sekolah

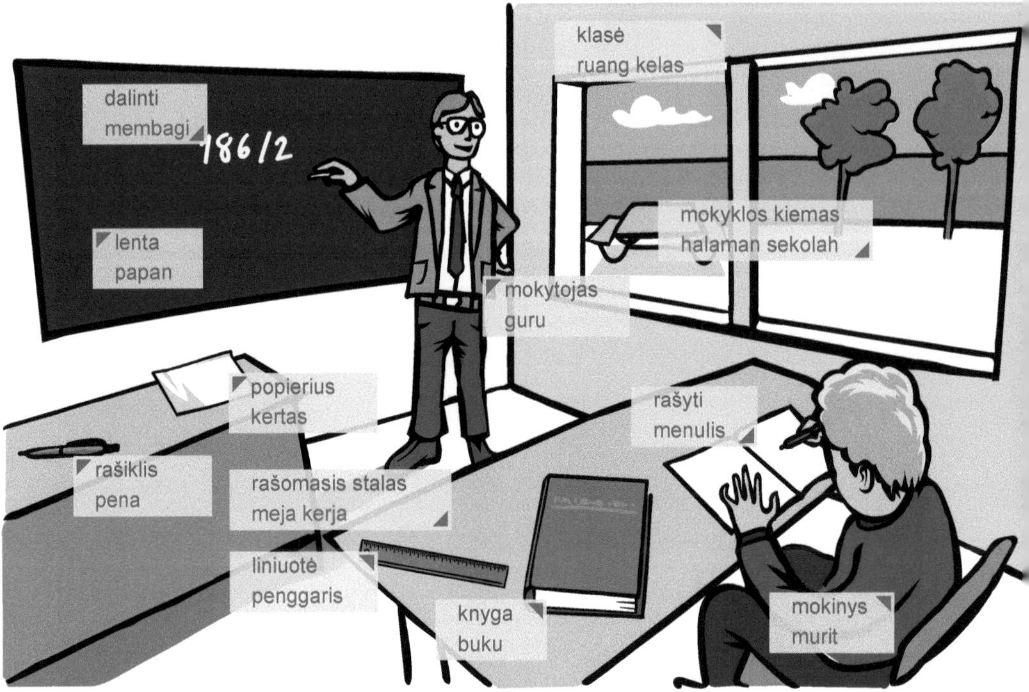
klasė
ruang kelas
dalinti
membagi
186/2
lenta
papan
mokyklos kiemas
halaman sekolah
mokytojas
guru
popierius
kertas
rašyti
menulis
rašiklis
pena
rašomasis stalas
meja kerja
liniuotė
penggaris
knyga
buku
mokinys
murit

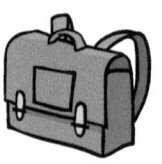

kuprinė

tas sekolah

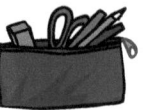

penalas

tempat pensil

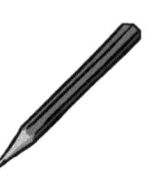

pieštukas

pensil

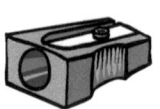

drožtukas

pengasah pensil

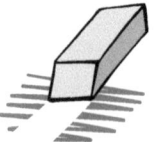

trintukas

penghapus

piešimo bloknotas

kertas gambar

piešinys

gambar

teptukas

kuas

dažų dėžutė

kotak cat

žirklės

gunting

klijai

lem

vadovėlis

buku latihan

namų darbai

pekerjaan rumah

numeris

angka

pridėti

tambhakan

atimti

mengurangi

dauginti

mengalikan

skaičiuoti

menghitung

raidė

huruf

abėcėlė

alfabet

žodis

kata

tekstas

teks

skaityti

membaca

kreida

kapur

pamoka

pelajaran

dienynas

daftar

egzaminas

ujian

pažymėjimas

sertifikat

mokyklinė uniforma

seragam sekolah

išsilavinimas

pendidikan

enciklopedija

ensiklopedi

universitetas

universitas

mikroskopas

mikroskop

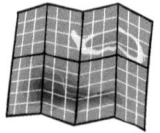

žemėlapis

peta

šiukšliadėžė

tempat sampah

kelionė
perjalanan

viešbutis
hotel
svečių namai
hostel
ROOMS
EXCHANGE
valiutos keitykla
kantor pertukaran mata uang
lagaminas
koper
mašina
mobil

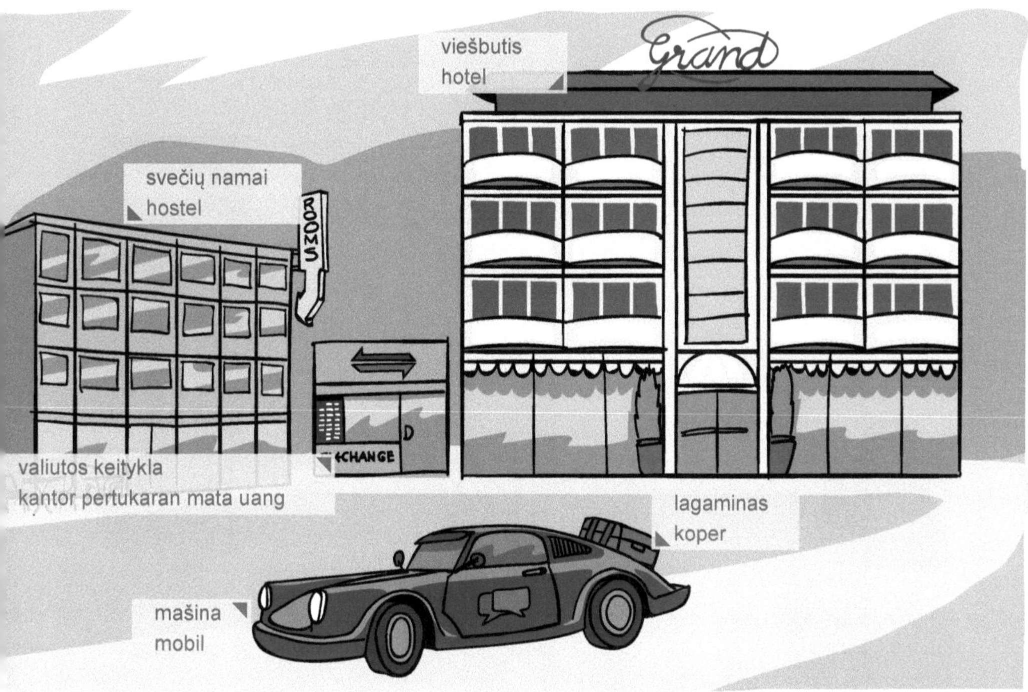

kalba
....
bahasa

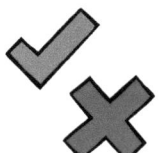

taip / ne
....
ya / tidak

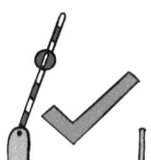

Gerai
....
okay

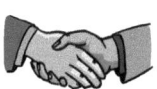

sveiki
....
hallo

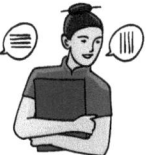

vertėjas raštu
....
penerjemah

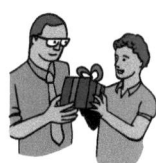

Ačiū
....
terima kasih

kiek kainuoja...?

Berapa harganya...?

aš nesuprantu

saya tidak mengerti

problema

masalah

Labas vakaras!

Selamat malam!

Labas rytas!

Selamat siang!

Labos nakties!

Selamat tidur!

viso gero

sampai jumpa

kryptis

arah

bagažas

bagasi

krepšys

tas

kuprinė

ransel

svečias

tamu

kambarys

ruang

miegmaišis

kantong tidur

palapinė

tenda

turizmo informacija

informasi wisata

paplūdimys

pantai

kreditinė kortelė

kartu kredit

pusryčiai

sarapan

pietūs

makan siang

vakarienė

makan malam

bilietas

tiket

liftas

elevator

pašto ženklas

perangko

siena

perbatasan

muitinė

cukai

ambasada

kedutaan

viza

visa

pasas

paspor

transportas
transportasi

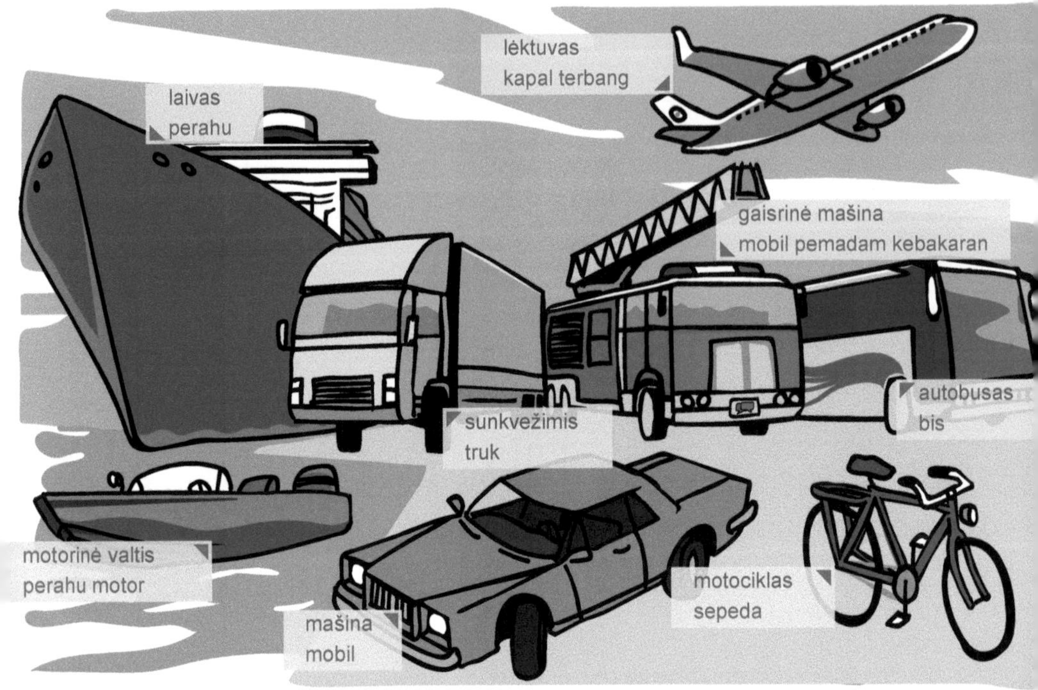

lėktuvas
kapal terbang
laivas
perahu
gaisrinė mašina
mobil pemadam kebakaran
autobusas
bis
sunkvežimis
truk
motorinė valtis
perahu motor
motociklas
sepeda
mašina
mobil

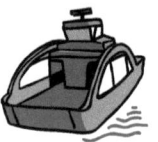

keltas

feri

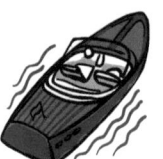

valtis

perahu

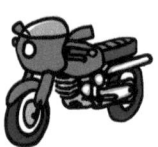

mopedas

sepeda motor

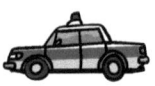

policijos automobilis

mobil polisi

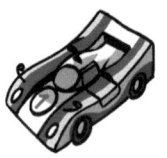

lenktyninis automobilis

mobil balapan

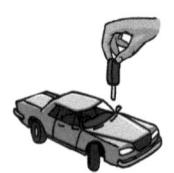

nuomojamas automobilis

mobil sewa

bendras automobilio
naudojimas
················
berbagi mobil

techninės pagalbos
automobilis
················
truk derek

šiukšliavežė
················
truk sampah

variklis
················
motor

degalai
················
bahan bakar

degalinė
················
bensin

kelio ženklas
················
tanda lalulintas

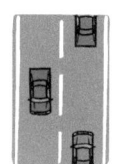

eismas
················
lalulintas

eismo spūstis
················
macet

mašinų stovėjimo aikštelė
················
parkir mobil

traukinių stotis
················
stasiun kereta

bėgiai
················
trek

traukinys
················
kereta api

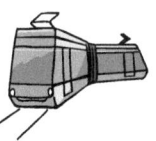

tramvajus
················
tram

vagonas
················
gerobak

sraigtasparnis

helikopter

oro uostas

bendara

bokštas

menara

keleivis

penumpang

konteineris

container

dėžė

karton

vežimėlis

troli

krepšys

keranjang

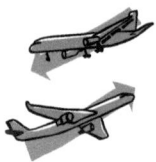

pakilti / nusileisti

berangkat / mendarat

miestas
kota

kaimas

desa

miesto centras

pusat kota

namas

rumah

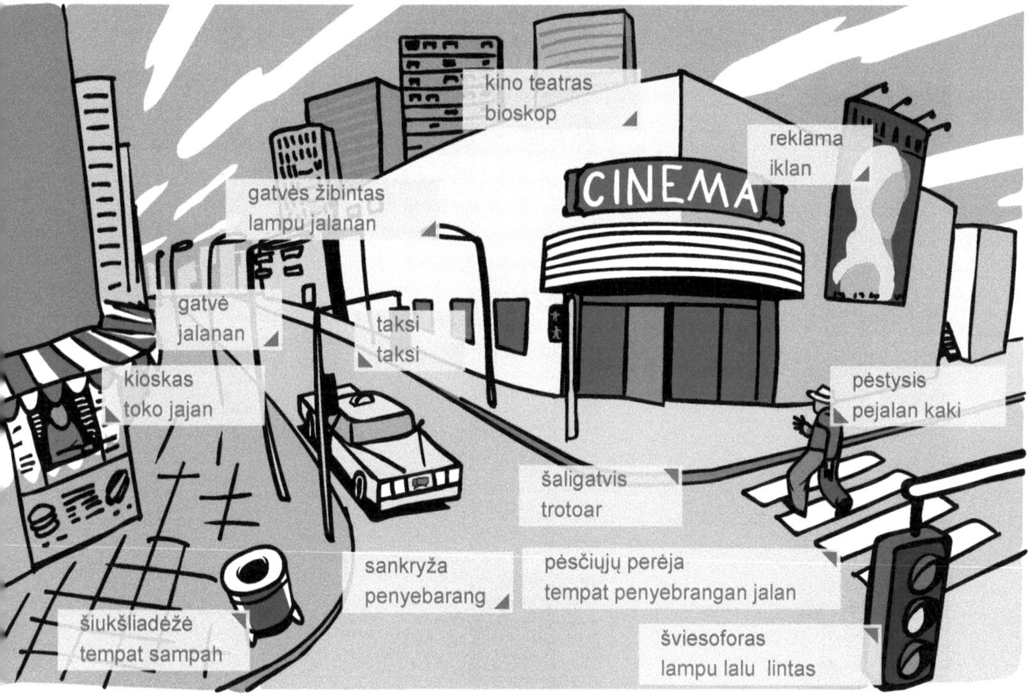

kino teatras
bioskop

reklama
iklan

gatvės žibintas
lampu jalanan

CINEMA

gatvė
jalanan

taksi
taksi

kioskas
toko jajan

pėstysis
pejalan kaki

šaligatvis
trotoar

sankryža
penyebarang

pėsčiųjų perėja
tempat penyebrangan jalan

šiukšliadėžė
tempat sampah

šviesoforas
lampu lalu lintas

trobelė
gubuk

butas
rumah flat

traukinių stotis
stasiun kereta

rotušė
balai kota

muziejus
museum

mokykla
sekolah

universitetas

universitas

bankas

bank

ligoninė

rumah sakit

viešbutis

hotel

vaistinė

farmasi

biuras

kantor

knygynas

toko buku

parduotuvė

toko

gėlių parduotuvė

toko bunga

prekybos centras

supermarket

turgus

pasar

universalinė parduotuvė

toko serba ada

žuvies parduotuvė

nelayan

prekybos centras

pusat belanja

uostas

pelabuhan

parkas

taman

suoliukas

banku

tiltas

jembatan

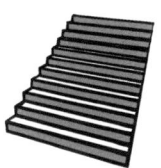

laiptai

tangga

metro

kereta bawah tanah

tunelis

terowongan

autobusų stotelė

pemberhantian bis

baras

bar

restoranas

restauran

lauko pašto dėžutė

kotak surat

kelio ženklas

tanda jalan

parkomatas

meteran parkir

zoologijos sodas

kebun binatang

baseinas

kolam renang

mečetė

mesjid

ūkininko ūkis

pertanian

tarša

polusi

kapinės

kuburan

bažnyčia

gereja

žaidimų aikštelė

tempat bermain

šventykla

pura

kraštovaizdis

pemandangan

lapas
daun

kelio rodyklė
penunjuk arah

kelias
jalanan

pieva
padang rumput

akmuo
batu

ėjikas
pejalak kaki

medis
pohon

upė
sungai

žolė
rumput

gėlė
bunga

slėnis

lembah

kalva

bukit

ežeras

danau

miškas

hutan

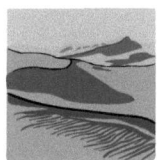

dykuma

padang gurun

ugnikalnis

gunung berapi

pilis

istana

vaivorykštė

pelangi

grybas

jamur

palmė

pohon palem

uodas

nyamuk

musė

lalat

skruzdėlė

semut

bitė

lebah

voras

laba-laba

vabalas

kumbang

varlė

kodok

voverė

tupai

ežys

landak

kiškis

kelinci

pelėda

burung hantu

paukštis

burung

gulbė

angsa

šernas

babi jantan

elnias

rusa

briedis

rusa

užtvanka

bendungan

vėjo jėgainė

turbin angin

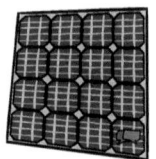

saulės baterija

panel surya

klimatas

iklim

restoranas
restauran

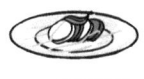

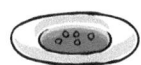

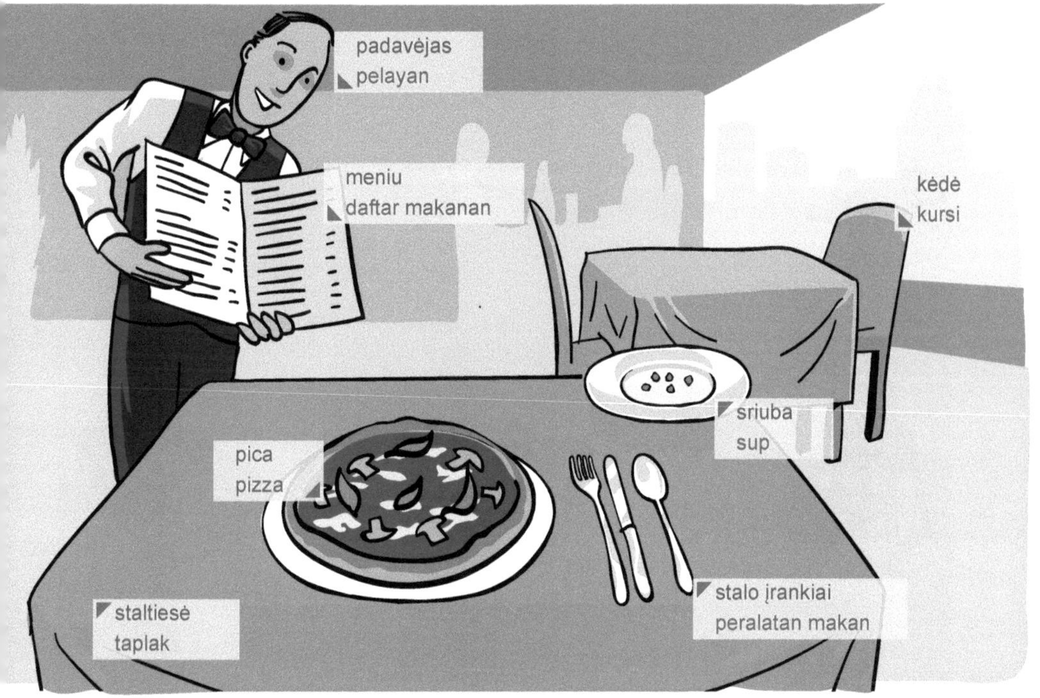
padavėjas
pelayan
meniu
daftar makanan
kėdė
kursi
sriuba
sup
pica
pizza
stalo įrankiai
peralatan makan
staltiesė
taplak

užkandis
....
hindangan pembuka

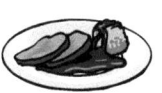

pagrindinis patiekalas
....
hidangan utama

desertas
....
hidangan penutup

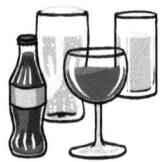

gėrimai
....
minuman

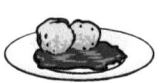

maistas
....
makanan

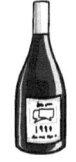

butelis
....
botol

greitai pateikiamas maistas

fastfood

gatvės maistas

masakan jalanan

arbatinukas

teko teh

cukrinė

kaleng gula

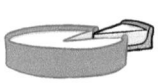

porcija

porsi

espreso aparatas

mesin espresso

aukšta kėdė

kursi tinggi

sąskaita

tagihan

padėklas

baki

peilis

pisau

šakutė

garpu

šaukštas

sendok

arbatinis šaukštelis

sendok teh

servetėlė

serbet

stiklinė

gelas

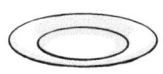

lėkštė
piring

sriubos lėkštė
piring sup

padėklas
lepek

padažas
saus

druskinė
tempat garam

pipirų malūnėlis
gilingan merica

actas
cuka

aliejus
minyak

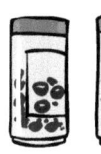

prieskoniai
bumbu

kečupas
saus tomat

garstyčios
mustar

majonezas
mayones

prekybos centras
supermarket

specialus pasiūlymas
penawaran khusus
pirkėjas
klien
pieno produktai
produk susu
vaisiai
buah
troleibusas
troli
FOR

BUTCHERS

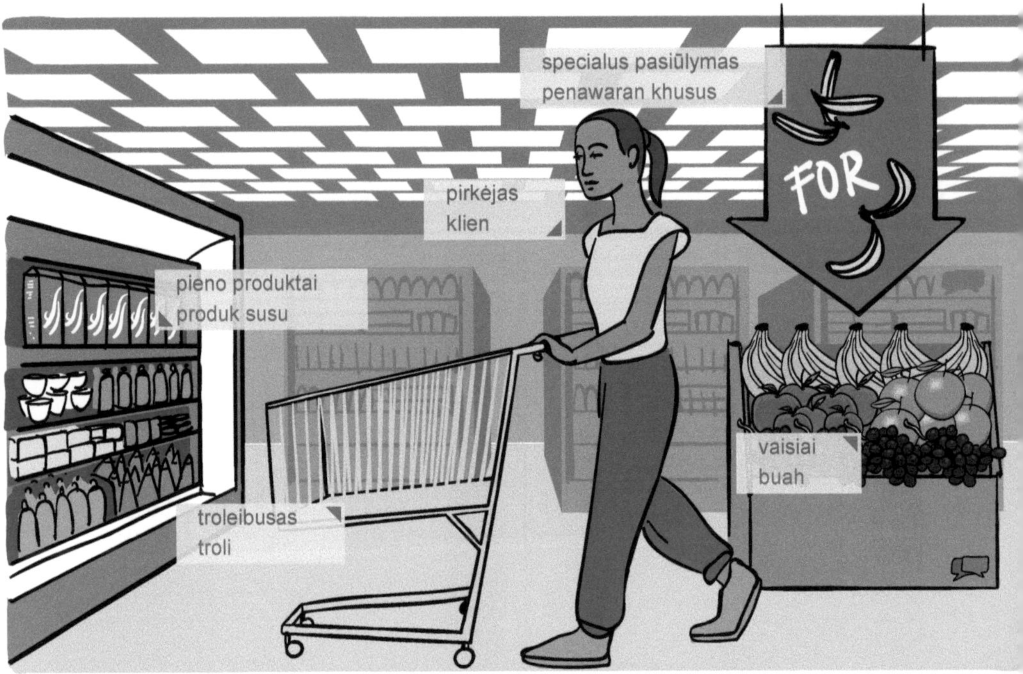

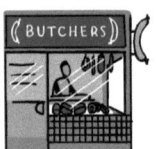

mėsos parduotuvė

pembantai

BAKERY

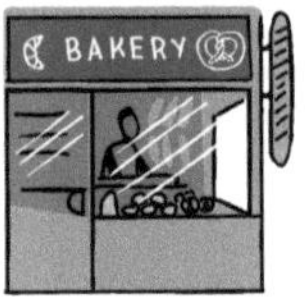

kepykla

toko roti

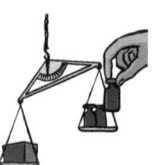

sverti

menimbang

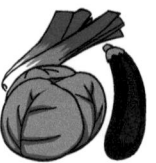

daržovės

sayur

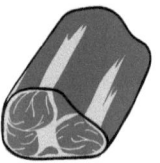

mėsa

daging

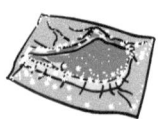

šaldytas maistas

makanan beku

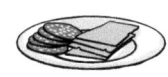

šalti mėsos užkandžiai

pemotongan dingin

konservai

makanan kaleng

skalbimo milteliai

sabun serbuk

saldumynai

permen

ūkinės prekės

alat-alat rumah tangga

valymo priemonės

obat pembersihan

pardavėja

penjual

kasos aparatas

kasa

kasininkas

kasir

pirkinių sąrašas

daftar belanja

darbo valandos

jam buka

piniginė

dompet

kreditinė kortelė

kartu kredit

maišelis

tas

plastikinis maišelis

kantong plastik

vanduo

air

sultys

jus

pienas

susu

kola

cola

vynas

anggur

alus

bir

alkoholis

alkohol

kakava

coklat

arbata

teh

kava

kopi

espresas

espresso

kapučinas

cappucino

bananas
pisang

obuolys
apel

apelsinas
jeruk

arbūzas
semangka

citrina
jeruk lemon

morka
wortel

česnakas
bawang putih

bambukas
bambu

svogūnas
bawang bombai

grybas
jamur

riešutai
kacang

makaronai
mi

spagečiai

spagetti

ryžiai

nasi

salotos

salat

traškučiai

kentang goreng

keptos bulvės

kentang goreng

pica

pizza

mėsainis

hamburger

sumuštinis

sandwich

pjausnys

sayatan

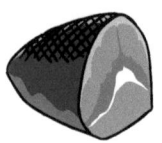

kumpis

ham

saliamis

salami

dešrelė

sosis

vištiena

ayam

kepsnys

menggoreng

žuvis

ikan

avižų dribsniai

bubur gandum

dribsniai su priedais

sereal

kukurūzų dribsniai

cornflakes

miltai

tepung

prancūziškasis ragelis

croissant

bandelė

roti

duona

roti

skrebutis

toast

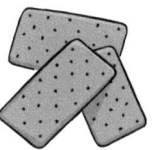

sausainiai

biskuit

sviestas

mentega

varškė

dadih

tortas

kue

kiaušinis

telur

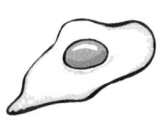

kiaušinienė

telur goreng

sūris

keju

ledai

eskrim

cukrus

gula

medus

madu

uogienė

selai

tepamas šokoladas

krim nugat

karis

kare

ūkininko ūkis
pertanian

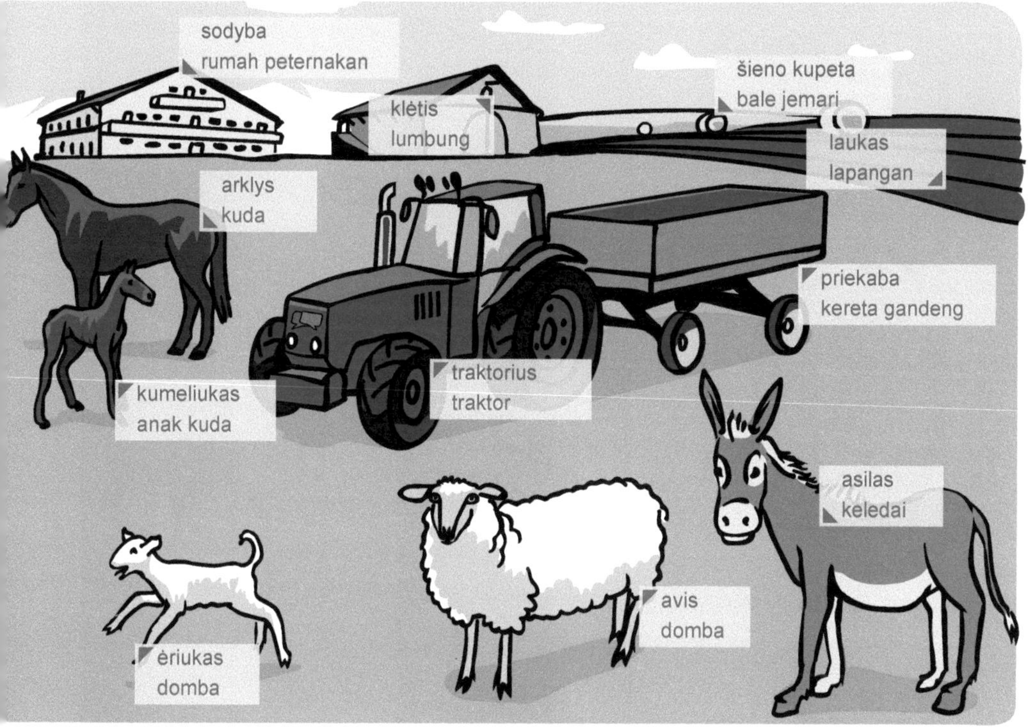

sodyba
rumah peternakan
klėtis
lumbung
šieno kupeta
bale jemari
laukas
lapangan
arklys
kuda
priekaba
kereta gandeng
traktorius
traktor
kumeliukas
anak kuda
asilas
keledai
avis
domba
ėriukas
domba

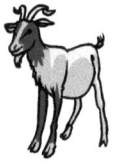

ožys
kambing

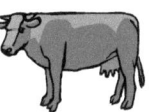

karvė
sapi

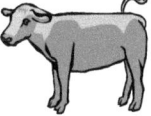

veršis
betis

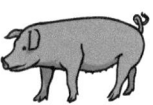

kiaulė
babi

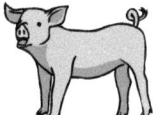

paršelis
celeng

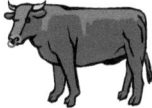

bulius
banteng

žąsis

angsa

antis

bebek

viščiukas

anak ayam

višta

ayam

gaidys

ayam jantan

žiurkė

tikus

katė

kucing

pelė

tikus

jautis

lembu

šuo

anjing

šuns būda

rumah anjing

sodo namas

selang

laistytuvas

penyiram

dalgis

sabit

plūgas

bajak

pjautuvas

sabit

kauptukas

cangkul

šakės

garpu rumput

kirvis

kapak

statinė

gerobak

lovys

palung

bidonas

kaleng susu

maišas

karung

tvora

pagar

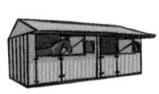

arklidė

kandang

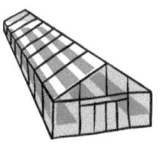

šiltnamis

rumah kaca

dirva

tanah

sėkla

benih

trašos

pupuk

kombainas

mesin pemanen

rinkti

panen

derlius

panen

saldžiosios bulvės

yams

kviečiai

gandum

soja

kedelai

bulvė

kentang

kukurūzai

jagung

rapsai

lobak

vaismedis

pohon buah

manijokas

singkong

grūdai

sereal

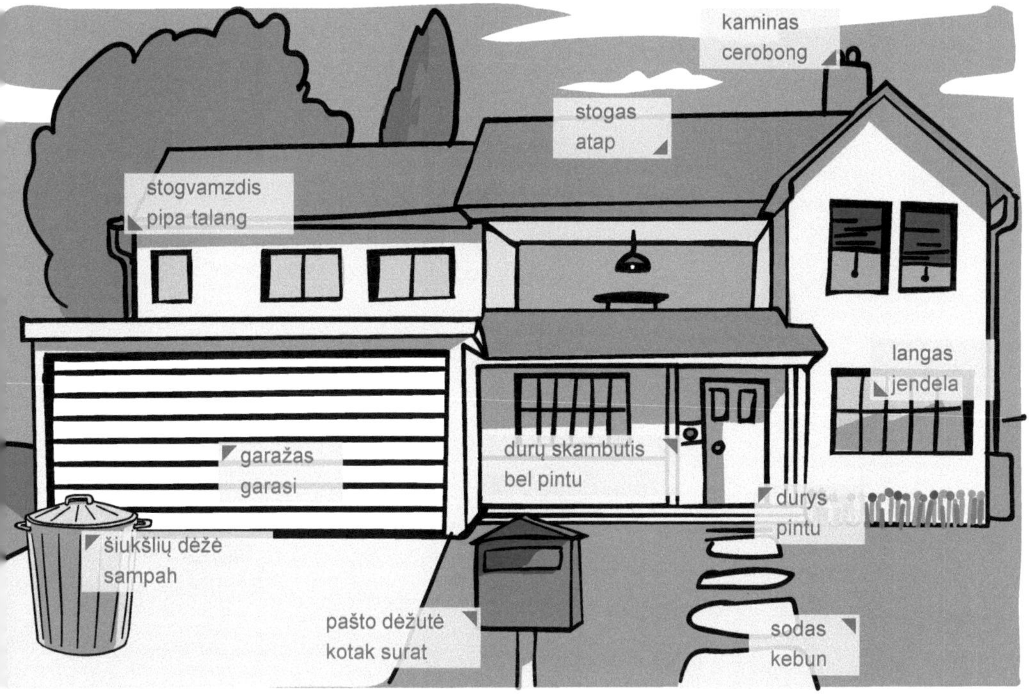

kaminas
cerobong

stogas
atap

stogvamzdis
pipa talang

langas
jendela

garažas
garasi

durų skambutis
bel pintu

durys
pintu

šiukšlių dėžė
sampah

pašto dėžutė
kotak surat

sodas
kebun

svetainė

ruang tamu

vonios kambarys

kamar mandi

virtuvė

dapur

miegamasis

kamar tidur

vaiko kambarys

kamar anak

valgomasis

kamar makan

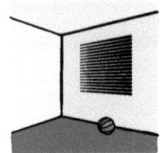

grindys

lantai

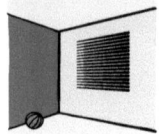

siena

tembok

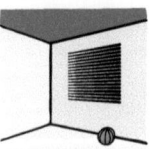

lubos

atap

rūsys

gudang di bawah tanah

sauna

sauna

balkonas

balkon

terasa

teras

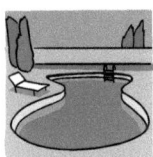

baseinas

kolam renang

žoliapjovė

mesin pemotong rumput

paklodė

sprei

lovatiesė

selimut

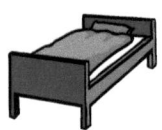

lova

tempat tidur

šluota

sapu

kibiras

ember

jungiklis

tombol

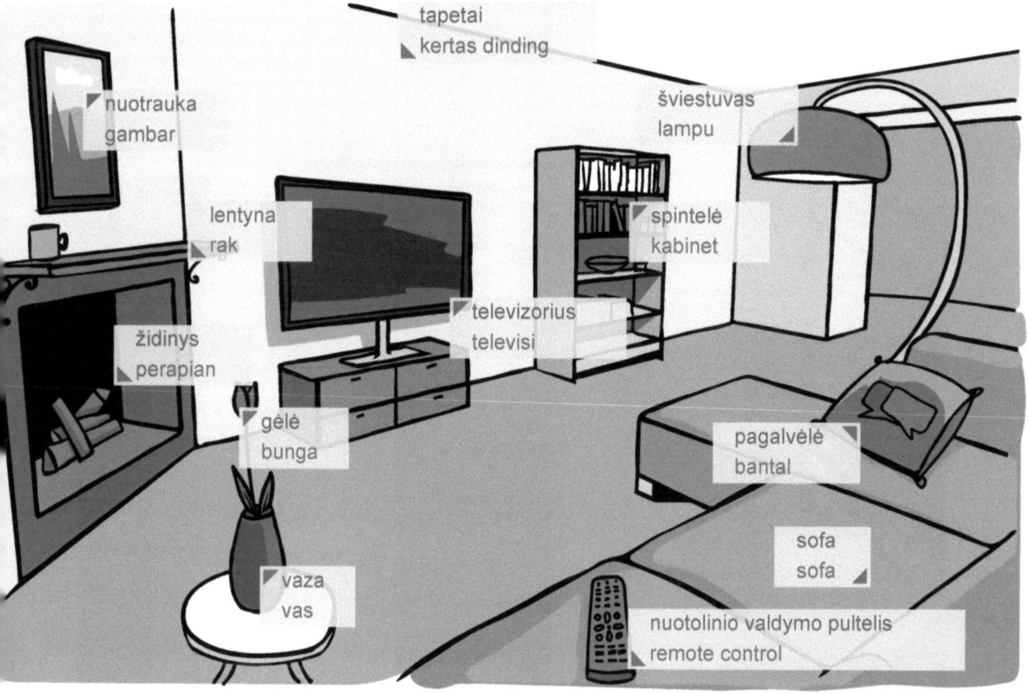

tapetai
kertas dinding

nuotrauka
gambar

šviestuvas
lampu

lentyna
rak

spintelė
kabinet

židinys
perapian

televizorius
televisi

gėlė
bunga

pagalvėlė
bantal

sofa
sofa

vaza
vas

nuotolinio valdymo pultelis
remote control

kilimas
karpet

užuolaida
korden

stalas
meja

kėdė
kursi

supamasis krėslas
kursi goyang

fotelis
kursi malas

knyga

buku

antklodė

selimut

papuošimai

dekorasi

malkos

kayu bakar

filmas

filem

stereo aparatūra

hi-fi

raktas

kunci

laikraštis

koran

paveikslas

lukisan

plakatas

poster

radijas

radio

užrašų knygelė

buku tulis

dulkių siurblys

penyedot debu

kaktusas

kaktus

žvakė

lilin

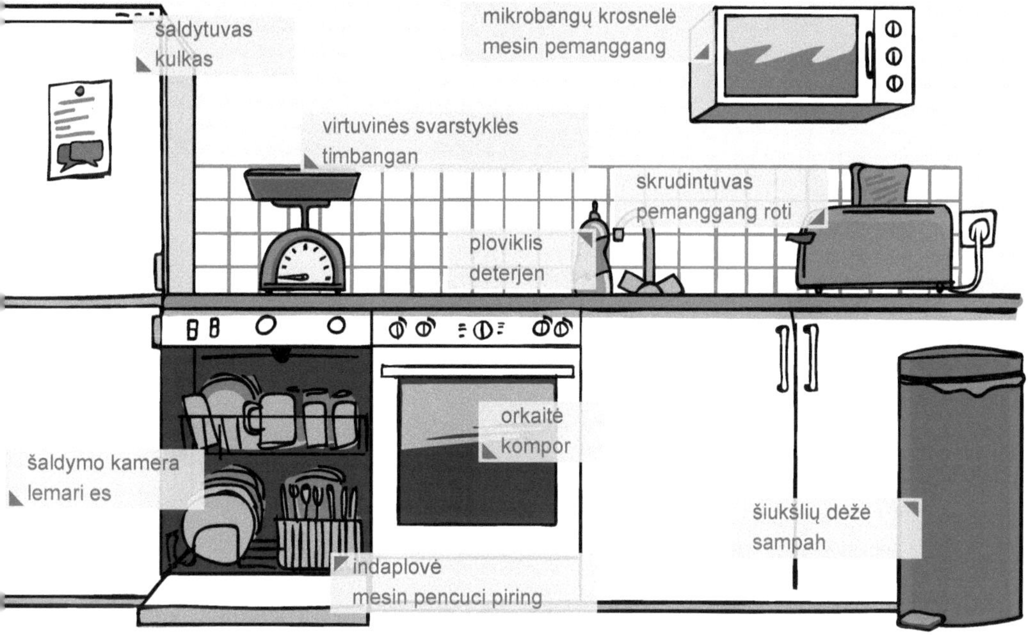

šaldytuvas
kulkas

mikrobangų krosnelė
mesin pemanggang

virtuvinės svarstyklės
timbangan

skrudintuvas
pemanggang roti

ploviklis
deterjen

šaldymo kamera
lemari es

orkaitė
kompor

šiukšlių dėžė
sampah

indaplovė
mesin pencuci piring

viryklė
kompor

puodas
panci

ketaus puodas
panci besi

„wok" keptuvė
wajan

keptuvė
panci

virdulys
pemanas air

garų puodas

panci pengukus makanan

kepimo skarda

nampan

porceliano indai

piring

puodelis

cangkir

dubuo

mangkok

valgomosios lazdelės

sumpit

samtis

sendok sup

mentelė

sudip

plaktuvas

mengocok

koštuvas

saringan

sietas

saringan

trintuvė

parutan

grūstuvė

mortir

kepsninė

barbeque

atvira liepsna

api terbuka

pjaustymo lentelė

papan memotong

kočėlas

gilingan

kamščiatraukis

alat pembuka botol

skardinė

kaleng

skardinių atidarytuvas

pembuka kaleng

puodkėlė

pegangan panci

kriauklė

wastafel

šepetys

sikat

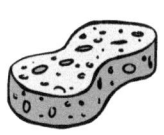

kempinė

busa

trintuvas

mesin pencampur

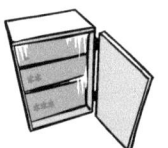

šaldiklis

lemari es

kūdikių buteliukas

botol bayi

čiaupas

keran

vonios kambarys
kamar mandi

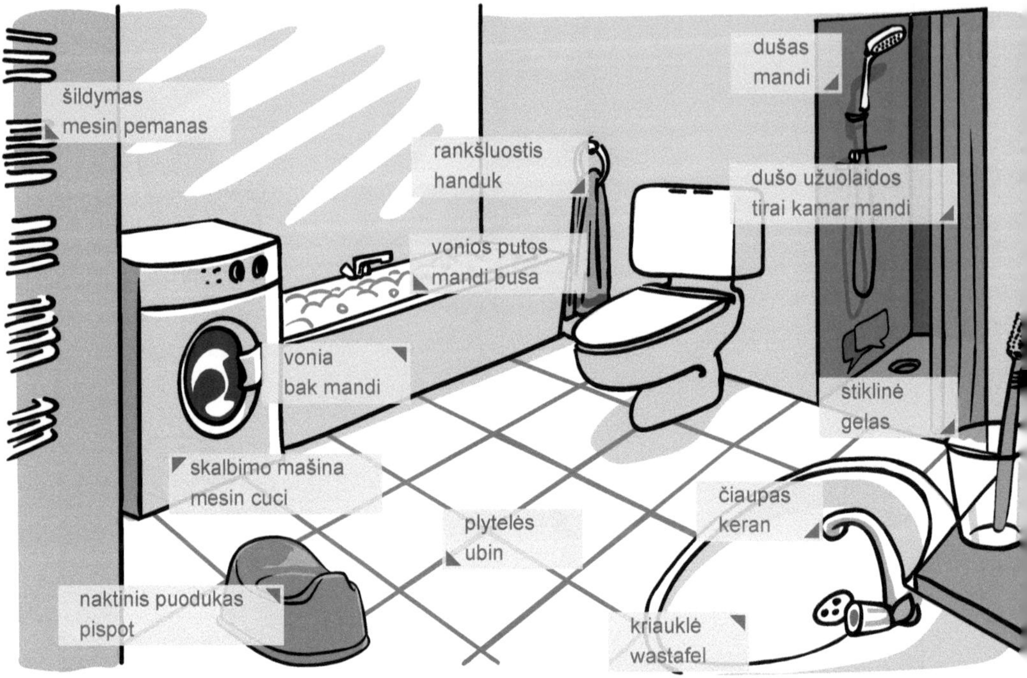

šildymas
mesin pemanas
rankšluostis
handuk
vonios putos
mandi busa
vonia
bak mandi
skalbimo mašina
mesin cuci
plytelės
ubin
naktinis puodukas
pispot
dušas
mandi
dušo užuolaidos
tirai kamar mandi
stiklinė
gelas
čiaupas
keran
kriauklė
wastafel

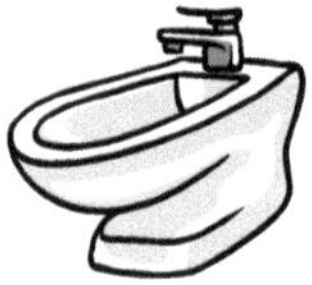

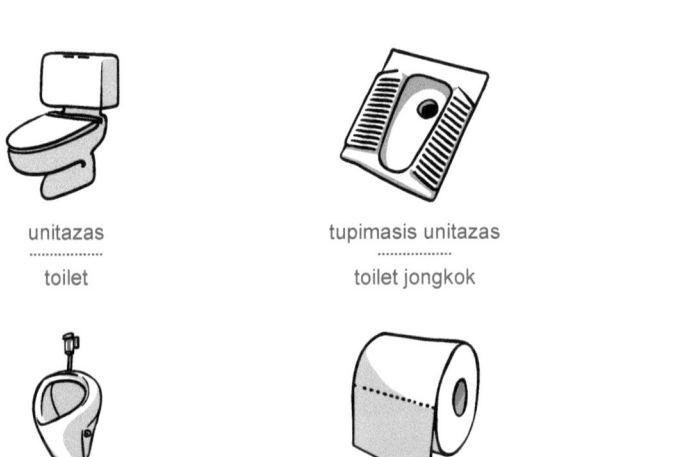

unitazas
toilet

tupimasis unitazas
toilet jongkok

bidė
bidet

pisuaras
pissoir

tualetinis popierius
kertas toilet

unitazo šepetys
sikat toilet

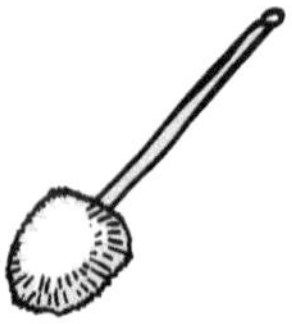

dantų šepetėlis

sikat gigi

dantų pasta

pasta gigi

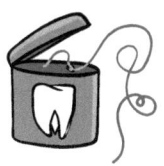

dantų siūlas

benang gigi

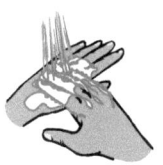

plauti

menyuci

dušo galvutė

pancuran tangan

higieninis dušas

pancuran

praustuvas

bak

nugaros plaušinė

sikat punggung

muilas

sabun

dušo želė

gel mandi

šampūnas

sampo

plaušinė

planel

kanalizacija

kuras

kremas

krim

dezodorantas

deodoran

veidrodis
kaca

veidrodėlis
cermin tangan

skustuvas
pisau cukur

skutimosi putos
busa cukur

losjonas po skutimosi
aftershave

šukos
sisir

šepetys
sikat

plaukų džiovintuvas
alat pengering rambut

plaukų lakas
semprot rambut

makiažas
makeup

lūpdažis
lipstik

nagų lakas
cat kuku

vata
kapas

žirklutės nagams
gunting kuku

kvepalai
minyak wangi

maišelis skalbiniams

kantong pencuci

taburetė

bangku

svarstyklės

timbangan

chalatas

mantel mandi

guminės pirštinės

sarung tangan karet

tamponas

tampon

higieninis įklotas

handuk pembalut

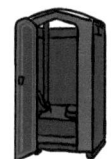

biotualetas

toilet kimia

vaiko kambarys
kamar anak

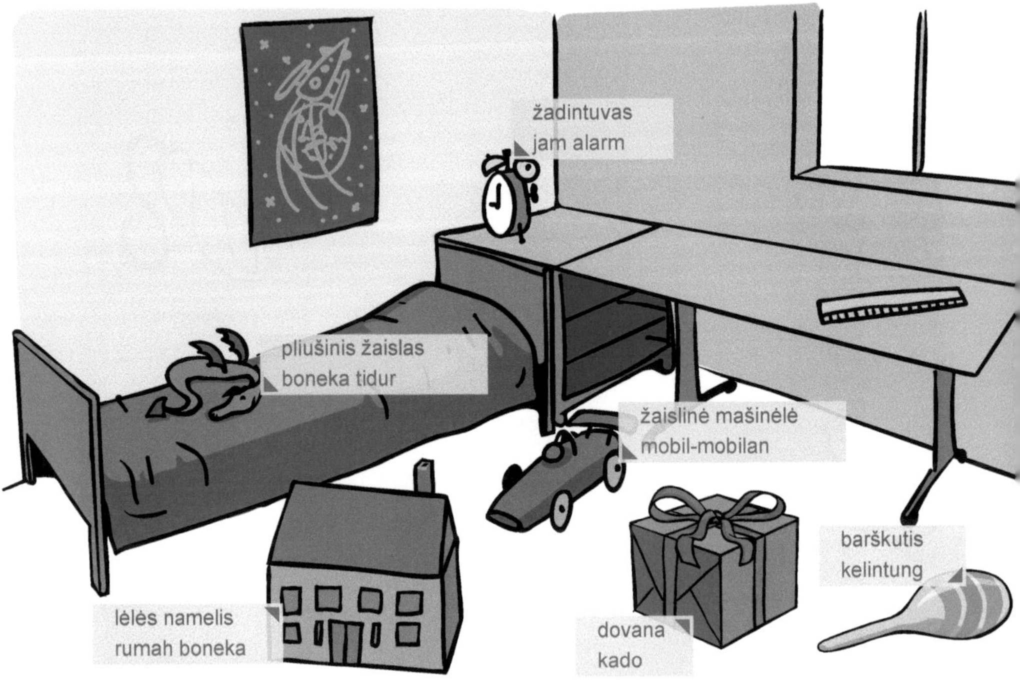
žadintuvas
jam alarm
pliušinis žaislas
boneka tidur
žaislinė mašinėlė
mobil-mobilan
baršlkutis
kelintung
lėlės namelis
rumah boneka
dovana
kado

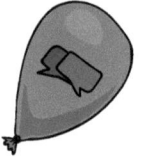

balionas
balon

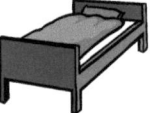

lova
tempat tidur

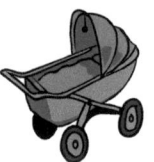

vaikiškas vežimėlis
kereta bayi

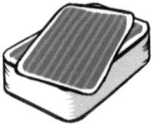

kortų malka
mainan kartu

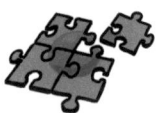

delionė
teka-teki

komiksai
komik

lego kaladėlės

mainan lego

žaislinės kaladėlės

blok mainan

figūrėlė

figur aksi

šliaužtinukai

baju monyet

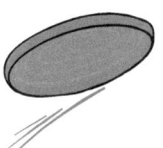

mėtymo lėkštė

frisbee

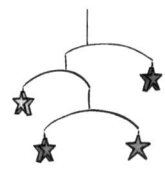

karuselė

mobile

stalo žaidimas

permainan papan

kauliukai

dadu

žaislinis traukinys

set model kreta api

žindukas

dot

vakarėlis

pesta

paveiksliukų knygelė

buku gambar

kamuolys

bola

lėlė

boneka

žaisti

bermain

smėlio dėžė

tempat main pasir

sūpynės

ayunan

žaislai

mainan

žaidimų konsolė

video game konsol

triratukas

sepeda roda tiga

meškiukas

teddy

drabužių spinta

lemari pakaian

drabužis

pakaian

kojinės

kaos kaki

kojinės virš kelių

kaos kaki

pėdkelnės

baju ketat

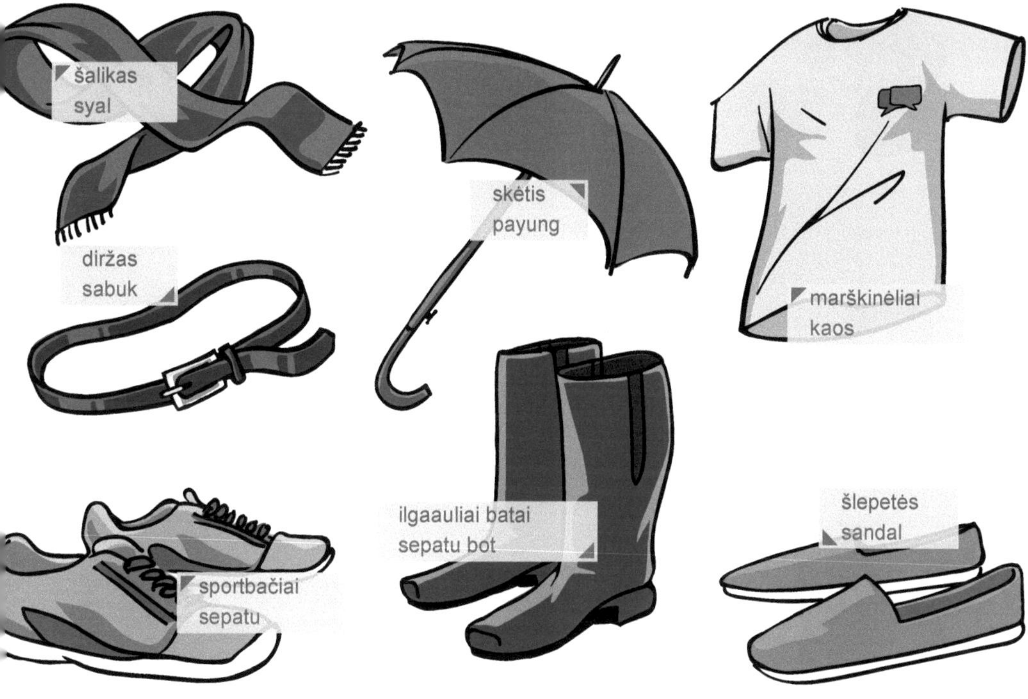

šalikas
syal

diržas
sabuk

skėtis
payung

marškinėliai
kaos

ilgaauliai batai
sepatu bot

šlepetės
sandal

sportbačiai
sepatu

sandalai
....
sandal

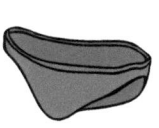

batai
....
sepatu

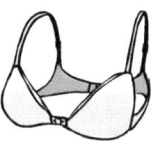

guminiai batai
....
sepatu bot karet

trumpikės
....
celana dalam

liemenėlė
....
BH

liemenė
....
baju rompi

glaustinukė

body

kelnės

celana

džinsai

jeans

sijonas

rok

palaidinė

blus

marškiniai

kemeja

megztinis

aket berkerudung

megztinis su gobtuvu

sweater

švarkelis

jaket

švarkas

jaket

paltas

mantel

lietpaltis

jas hujan

kostiumas

kostum

suknelė

gaun

vestuvinė suknelė

gaun pengantin

kostiumas

setelan resmi

naktiniai marškiniai

gaun tidur

pižama

piyama

saris

sari

skarelė

jilbab

tiurbanas

turban

burka

burka

kaftanas

kaftan

abaja

abaya

maudymosi kostiumėlis

pakaian renang

glaudės

celana renang

šortai

celana pendek

sportinis kostiumas

olah raga

prijuostė

celemek

pirštinės

sarung tangan

saga

kancing

akiniai

kacamata

apyrankė

gelang

vėrinys

kalung

žiedas

cincin

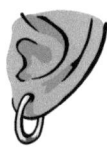

auskaras

anting

kepurė

topi

pakabas

gantungan mantel

skrybėlė

topi

kaklaraištis

dasi

užtrauktukas

ritsleting

šalmas

helm

breketai

tali selempang

mokyklinė uniforma

seragam sekolah

uniforma

seragam

drabužis - pakaian

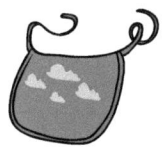

seilinukas

oto

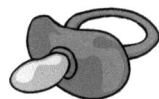

žindukas

dot

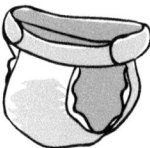

vystyklai

popok

biuras
kantor

serveris
server
dokumentų spinta
lemari arsip
spausdintuvas
pencetak
popierius
kertas
vaizduoklis
layar
pelė
mouse komputer
rašomasis stalas
meja kerja
aplankas
tempat pengarsipan
klaviatūra
papan tombol
šiukšliadėžė
tempat sampah
kompiuteris
computer
kėdė
kursi

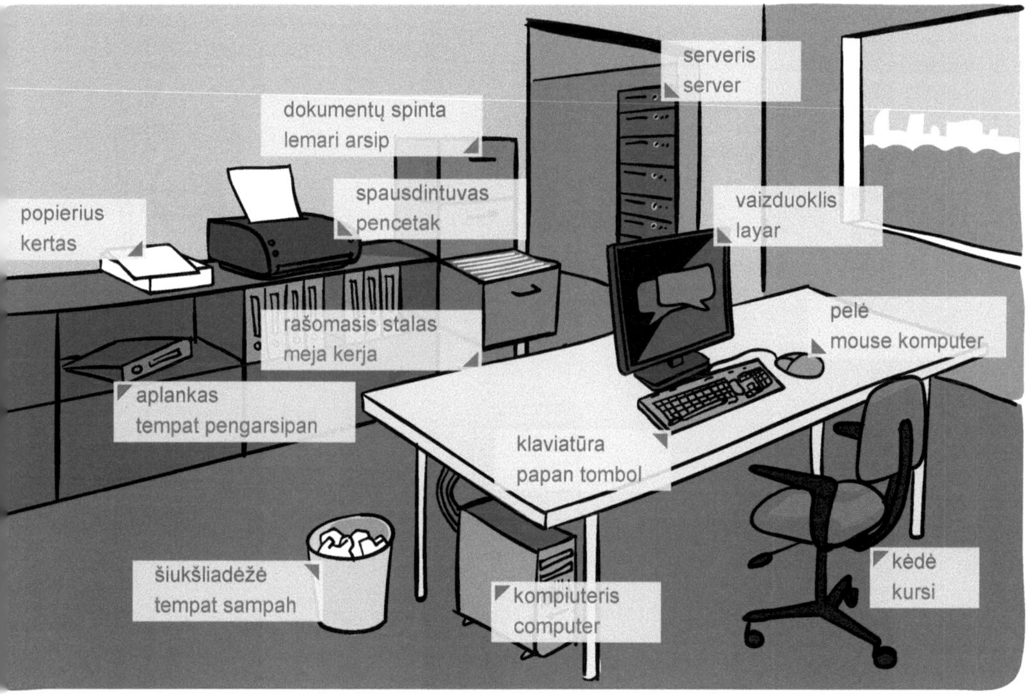

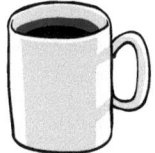

kavos puodelis

cangkir kopi

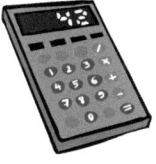

kalkuliatorius

kalkulator

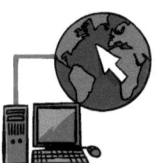

internetas

internet

nešiojamasis kompiuteris

laptop

laiškas

surat

žinutė

pesan

mobilusis telefonas

telepon seluler

tinklas

jaringan

fotokopijavimo aparatas

fotokopi

programinė įranga

software

telefonas

telepon

kištukinis lizdas

plug soket

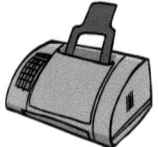

faksas

mesin fax

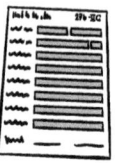

forma

formulir

dokumentas

dokumen

biuras - kantor

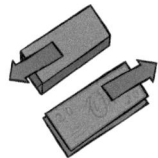

pirkti
membeli

mokėti
membayar

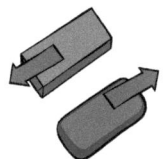

prekiauti
berdagang

pinigai
uang

doleris
Dollar

euras
Euro

jena
Yen

rublis
Rubel

Šveicarijos frankas
Franc Swiss

juanis
Renminbi Yuan

rupija
Rupiah

bankomatas
ATM

valiutos keitykla

kantor pertukaran mata uang

auksas

emas

sidabras

perak

nafta

minyak

energija

energi

kaina

harga

sutartis

kontrak

mokestis

pajak

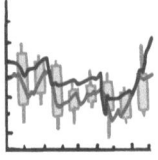

akcijos

saham

dirbti

bekerja

darbuotojas

karyawan

darbdavys

majikan

gamykla

pabrik

parduotuvė

toko

profesijos
pekerjaan

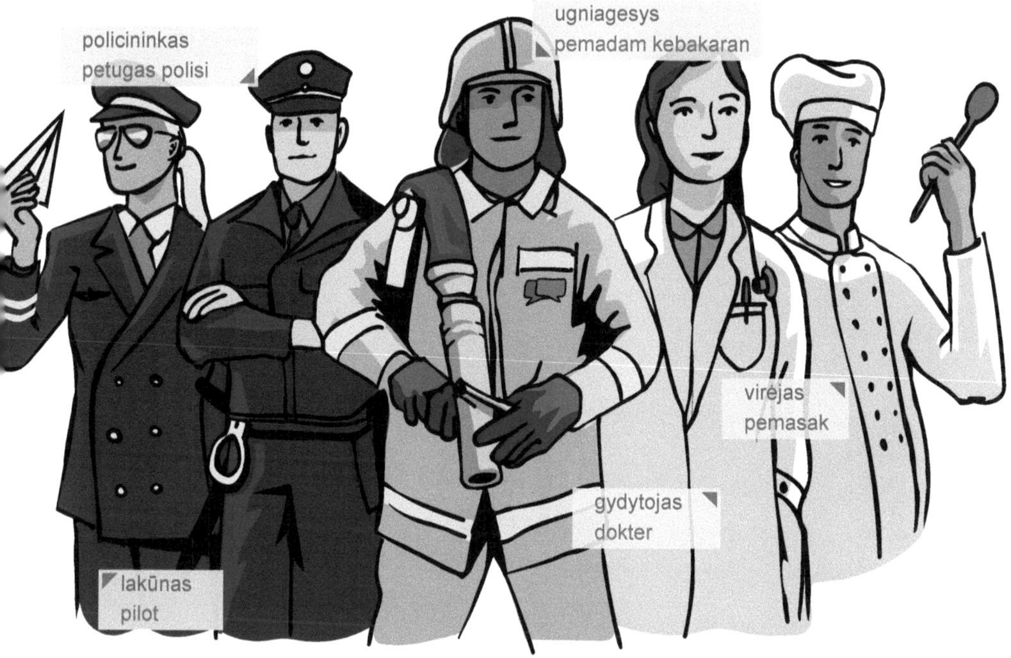

policininkas
petugas polisi
ugniagesys
pemadam kebakaran
virėjas
pemasak
gydytojas
dokter
lakūnas
pilot

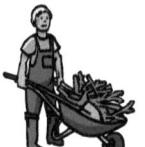

sodininkas

tukan kebun

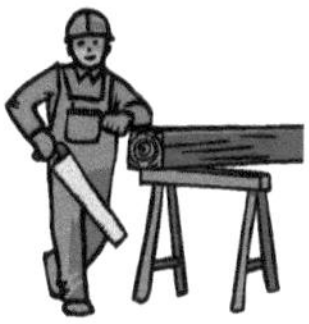

stalius

tukang kayu

siuvėja

penjahit wanita

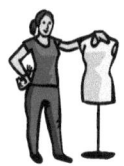

teisėjas

hakim

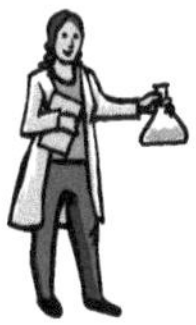

chemikas

ahli kimia

aktorius

aktor

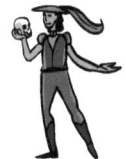

autobuso vairuotojas

sopir bis

taksi vairuotojas

sopir taksi

žvejys

nelayan

valytoja

pembantu

stogdengys

tukang atap

padavėjas

pelayan

medžiotojas

pemburu

dailininkas

pelukis

kepėjas

tukang roti

elektrikas

tukang listrik

statybininkas

pembangun

inžinierius

insinyur

mėsininkas

tukang daging

santechnikas

tukang ledeng

paštininkas

tukang pos

kareivis

tentara

architektas

arsitek

kasininkas

kasir

gėlininkas

penjual bunga

kirpėjas

penata rambut

konduktorius

konduktor

mechanikas

montir

kapitonas

kapten

odontologas

dokter gigi

mokslininkas

ilmuwan

rabinas

rabbi

imamas

imam

vienuolis

biarawan

kunigas

pendeta

įrankiai

alat

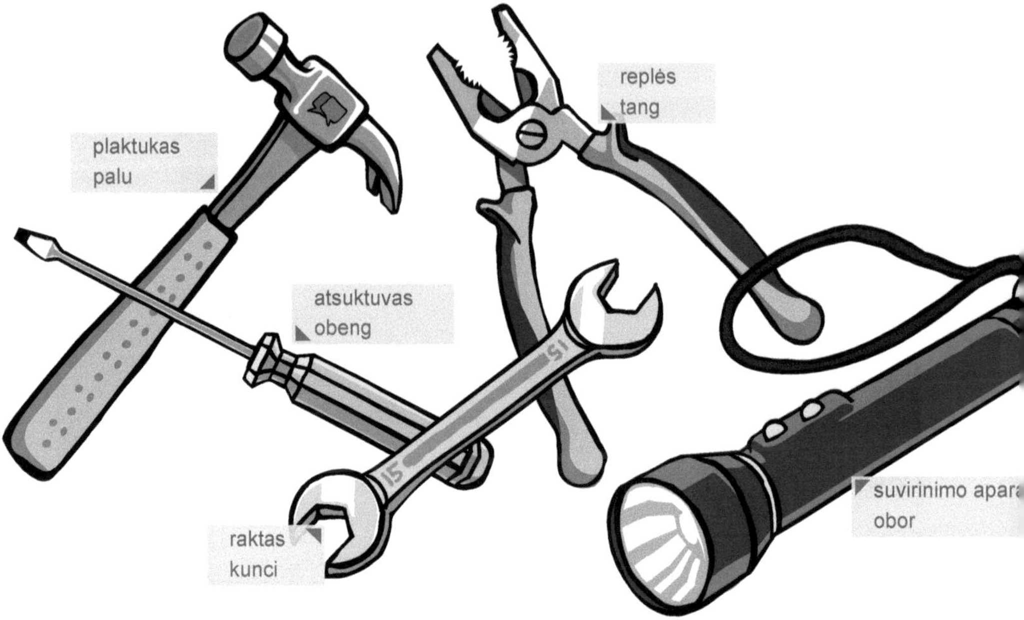

plaktukas
palu
replės
tang
atsuktuvas
obeng
raktas
kunci
suvirinimo apar
obor

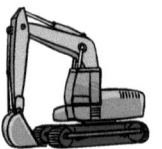

ekskavatorius

penggali

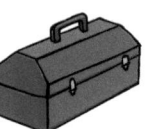

įrankių dėžė

tas perkakas

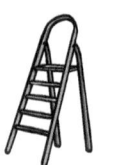

kopėčios

tangga

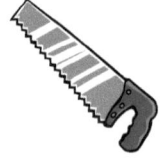

pjūklas

gergaji

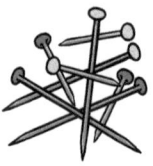

vinys

paku

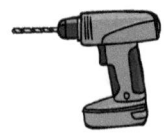

grąžtas

bor

taisyti
perbaikan

kastuvas
sekop

Velniava!
Sialan!

semtuvėlis
cikrak

dažų skardinė
pot cat

varžtai
sekrup

muzikos instrumentai
alat musik

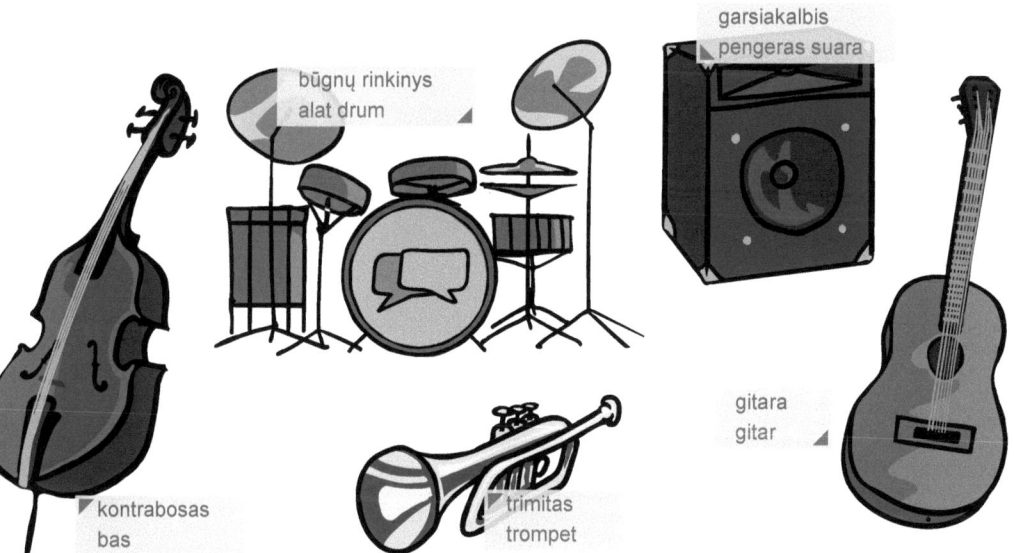

garsiakalbis
pengeras suara

būgnų rinkinys
alat drum

gitara
gitar

kontrabosas
bas

trimitas
trompet

pianinas

piano

smuikas

violin

bosinė gitara

bass

timpanas

tambur

būgnai

drum

sintezatorius

keyboard

saksofonas

saksofon

fleita

suling

mikrofonas

mikrofon

zoologijos sodas
kebun binatang

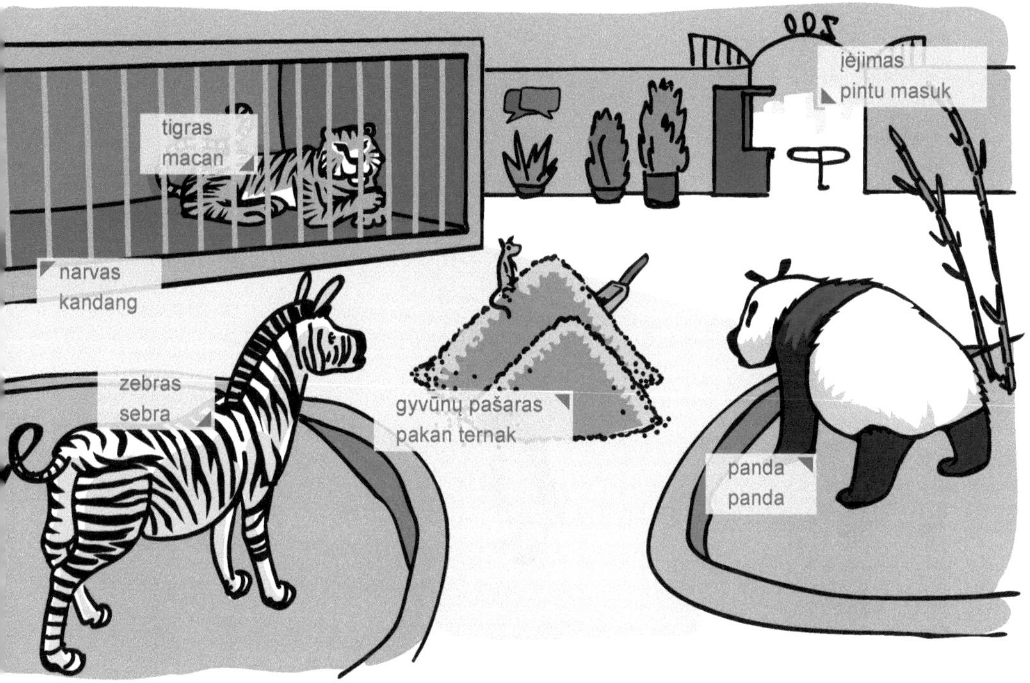

įėjimas
pintu masuk
tigras
macan
narvas
kandang
zebras
sebra
gyvūnų pašaras
pakan ternak
panda
panda

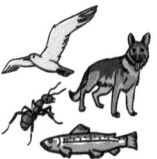

gyvūnai

hewan

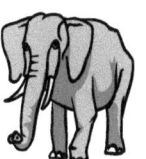

dramblys

gajah

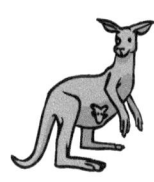

kengūra

kanguru

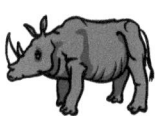

raganosis

badak

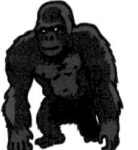

gorila

gorila

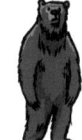

meška

beruang

kupranugaris

unta

strutis

burung unta

liūtas

singa

beždžionė

monyet

flamingas

flamingo

papūga

burung beo

baltoji meška

beruang polar

pingvinas

penguin

ryklys

hiu

povas

merak

gyvatė

ular

krokodilas

buaya

zoologijos sodo prižiūrėtojas

penjaga kebun binatang

ruonis

segel

jaguaras

jaguar

ponis

kuda poni

leopardas

macan tutul

begemotas

kuda nil

žirafa

jerapah

erelis

burung elang

šernas

babi jantan

žuvis

ikan

vėžlys

kura-kura

vėplys

anjing laut

lapė

rubah

gazelė

kijang

amerikietiškas futbolas
american football

dviračių sportas
naik sepeda

tenisas
tennis

krepšinis
basketbal

plaukimas
bernang

boksas
tinju

ledo ritulys
hoki es

futbolas
sepak bola

badmintonas
badminton

atletika
atletik

rankinis
bola tangan

slidinėjimas
main ski

polas
polo

šokinėti
meloncat

juoktis
ketawa

apkabinti
memeluk

vaikščioti
berjalan

dainuoti
menyanyi

svajoti
mengimpi

melstis
berdoa

bučiuoti
mencium

rašyti
menulis

piešti
melukis

rodyti
menunjuk

stumti
mendorong

duoti
memberikan

imti
mengambil

turėti

mempunyai

daryti

melakukan

būti

adalah

stovėti

berdiri

bėgti

berlari

traukti

menarik

mesti

melempar

kristi

jatuh

meluoti

tidur

laukti

menunggu

nešti

membawa

sėdėti

duduk

rengtis

berpakaian

miegoti

tidur

pabusti

bangun

žiūrėti

melihat

verkti

menangis

glostyti

mengelus

šukuoti

menyisir

kalbėti

berbicara

suprasti

mengerti

paklausti

menanyak

klausytis

mendengar

gerti

minum

valgyti

makan

tvarkytis

merapikan

mylėti

cinta

gaminti

memasak

vairuoti

menyetir

skristi

terbang

buriuoti

berlayar

skaičiuoti

menghitung

skaityti

membaca

mokytis

belajar

dirbti

bekerja

vesti

menikah

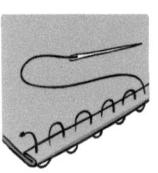

siūti

menjahit

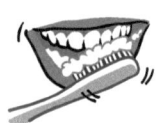

valytis dantis

sikat gigi

žudyti

membunuh

rūkyti

merokok

siųsti

kirim

šeima
keluarga

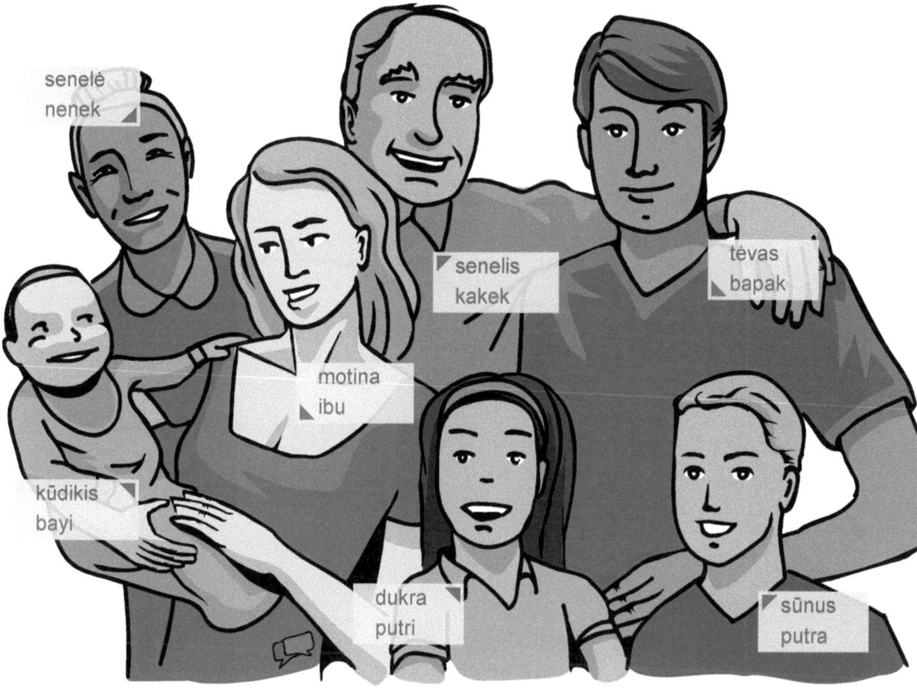
senelė
nenek
senelis
kakek
tėvas
bapak
motina
ibu
kūdikis
bayi
dukra
putri
sūnus
putra

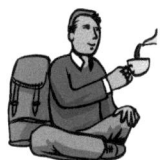

svečias

tamu

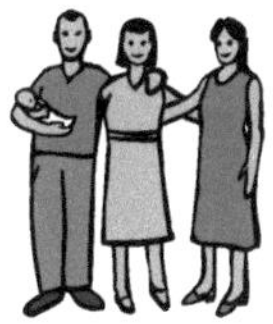
teta

bibi

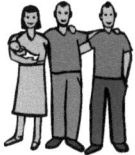

dėdė

paman

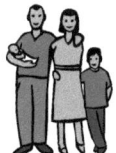

brolis

kakak laki

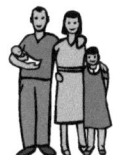

sesuo

kakak perempuan

kūnas
badan

kakta
dahi
akis
mata
petys
bahu
pirštas
jari
veidas
muka
smakras
dagu
plaštaka
tangan
koja
kaki
krūtinė
payudara
ranka
lengan

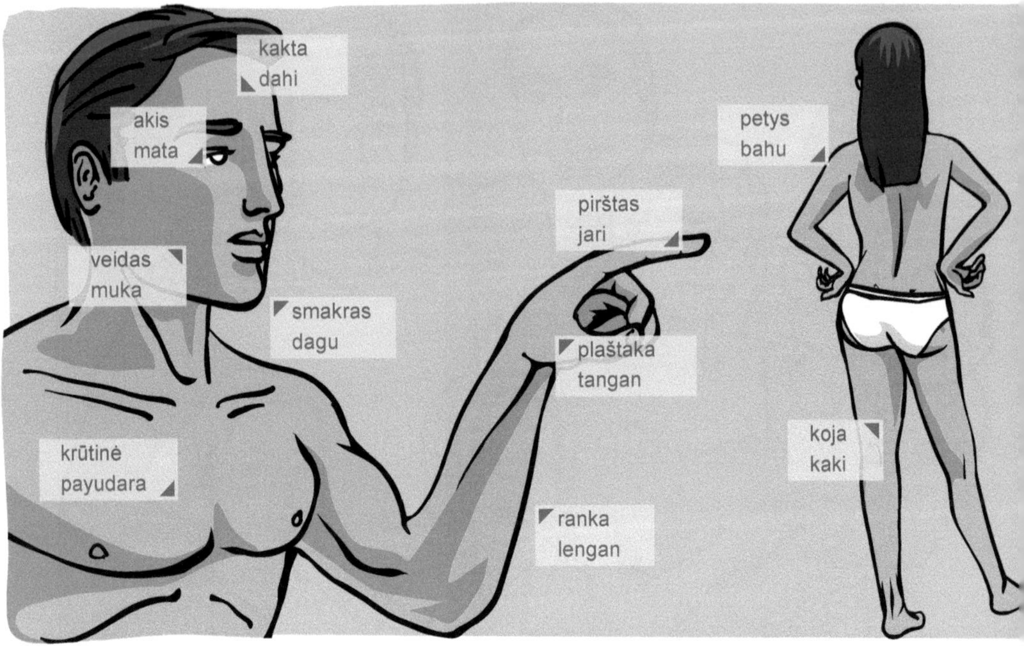

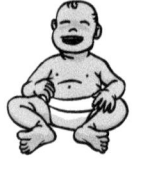

kūdikis
bayi

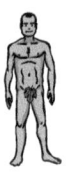

vyras
pria

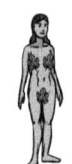

moteris
wanita

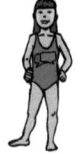

mergaitė
perempuan

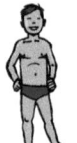

berniukas
laki

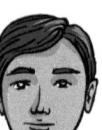

galva
kepala

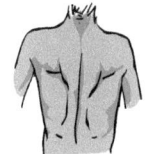

nugara
punggung

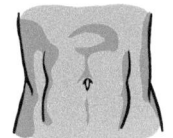

pilvas
perut

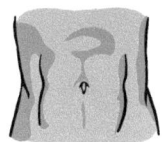

bamba
pusar

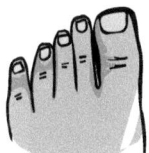

kojos pirštas
toe

kulnas
tumit

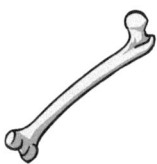

kaulas
tulang

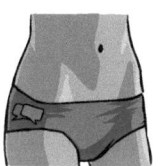

klubas
pinggang

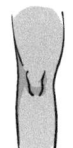

kelis
lutut

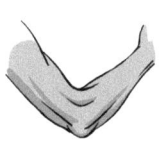

alkūnė
siku

nosis
hidung

sėdmenys
pantat

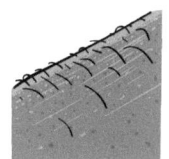

oda
kulit

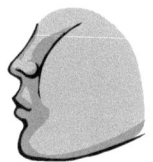

skruostas
pipi

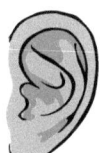

ausis
telinga

lūpa
bibir

kūnas - badan

burna

mulut

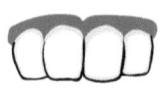

dantis

gigi

liežuvis

lidah

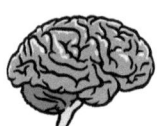

smegenys

otak

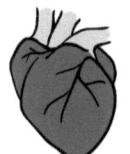

širdis

jantung

raumuo

otot

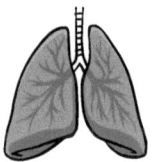

plaučiai

paru-paru

kepenys

hati

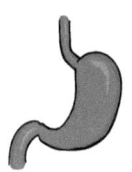

skrandis

stomach

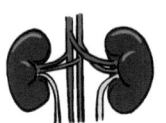

inkstai

ginjal

seksas

hubungan seks

prezervatyvas

kondom

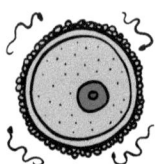

kiaušialąstė

sel telur

sperma

sperma

nėštumas

kehamilan

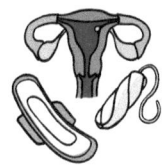

menstruacijos

menstruasi

makštis

vagina

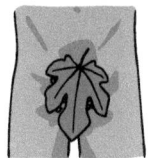

varpa

penis

antakis

alis

plaukai

rambut

kaklas

leher

ligoninė
rumah sakit

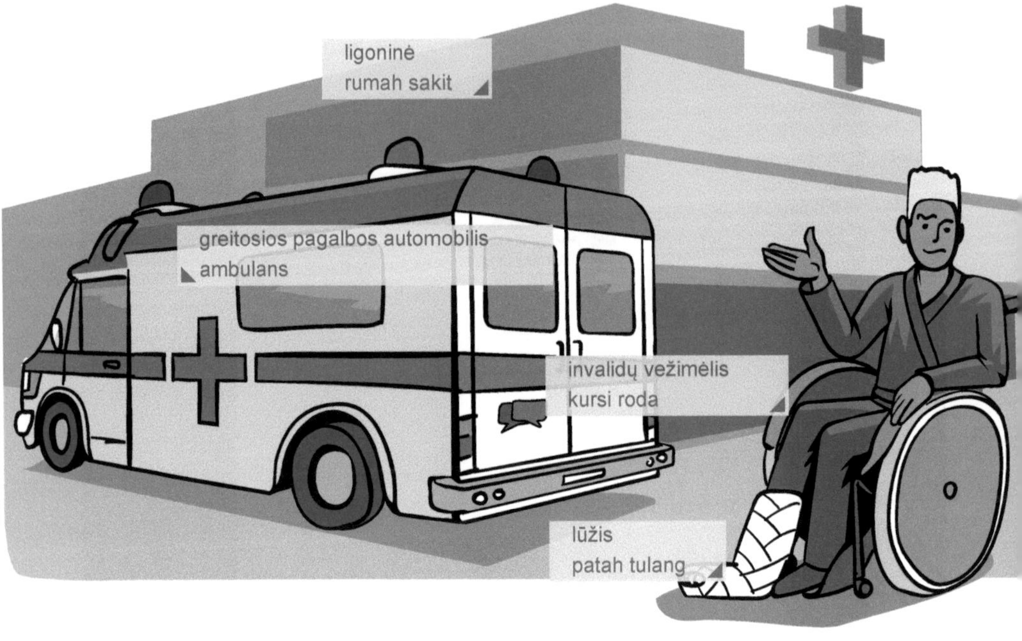

ligoninė
rumah sakit
greitosios pagalbos automobilis
ambulans
invalidų vežimėlis
kursi roda
lūžis
patah tulang

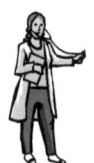

gydytojas

dokter

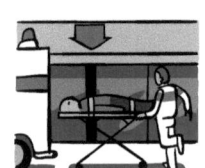

skubios pagalbos skyrius

ruang darurat

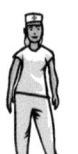

slaugytoja

perawat

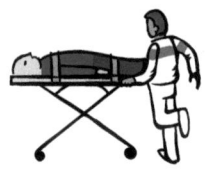

nelaimingas atsitikimas

darurat

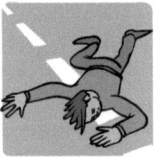

be sąmonės

semaput

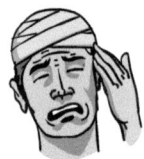

skausmas

sakit

sužalojimas

cedera

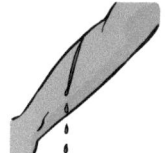

kraujavimas

perdarahan

širdies smūgis

serangan jantung

insultas

stroke

alergija

alergi

kosulys

batuk

karščiavimas

demam

gripas

flu

viduriavimas

diare

galvos skausmas

sakit kepala

vėžys

kanker

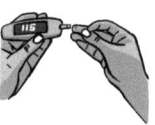

diabetas

diabetes

chirurgas

ahli bedah

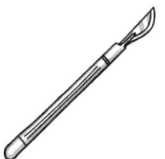

skalpelis

pisau bedah

operacija

operasi

KT

CT

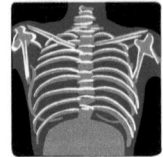

rentgenas

sinar x

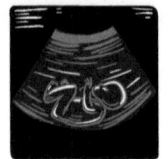

ultragarsas

usg

veido kaukė

topeng

liga

penyakit

laukiamasis

ruang tunggu

ramentas

penyokong

gipsas

plester

tvarstis

perban

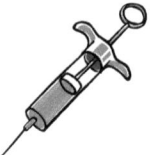

injekcija

injeksi

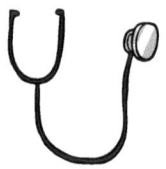

stetoskopas

stetoskop

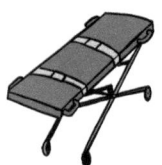

neštuvai

usungan

termometras

termometer klinis

gimimas

kelahiran

antsvoris

kelebihan berat badan

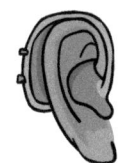

klausos aparatas

alat pendengar

dezinfekavimo priemonė

desinfektan

infekcija

infeksi

virusas

virus

ŽIV / AIDS

HIV / AIDS

vaistas

obat

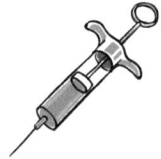

skiepijimas

vaksinasi

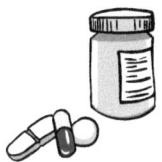

tabletės

tablet

piliulė

pil

skubios pagalbos numeris

panggilan darurat

kraujospūdžio matuoklis

ukur tekanan darah

ligotas / sveikas

sakit / sehat

ligoninė - rumah sakit

Padėkite!

Tolong!

pavojaus signalas

alarm

užpuolimas

penyerbuan

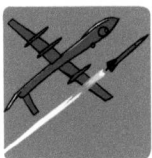

ataka

serangan

pavojus

bahaya

avarinis išėjimas

pintu darurat

Gaisras!

Api!

gesintuvas

alat pemadam kebakaran

nelaimingas atsitikimas

kecelakaan

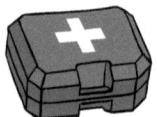

pirmosios pagalbos rinkinys

kit pertolongan pertama

SOS

SOS

policija

polisi

Europa

Eropa

Šiaurės Amerika

Amerika Utara

Pietų Amerika

Amerika Selatan

Afrika

Afrika

Azija

Asia

Australija

Australi

Atlanto vandenynas

Atlantik

Ramusis vandenynas

Pasifik

Indijos vandenynas

Samudra India

Pietų vandenynas

Samudra Antartika

Arkties vandenynas

Samudra Arktik

Šiaurės ašigalis

kutub utara

Pietų ašigalis

kutub selatan

Antarktida

Antarktika

Žemė

bumi

sausuma

tanah

jūra

laut

sala

pulau

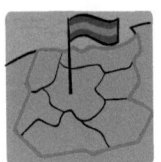

tauta

bangsa

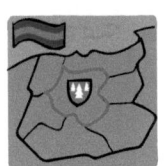

valstybė

negara

ciferblatas

jam wajah

valandinė rodyklė

jarum pendek

minutinė rodyklė

jarum menit

sekundinė rodyklė

jarum detik

Kiek valandų?

Jam berapa?

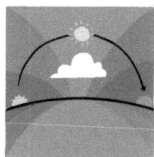

diena

hari

laikas

waktu

dabar

sekarang

skaitmeninis laikrodis

jam digital

minutė

menit

valanda

jam

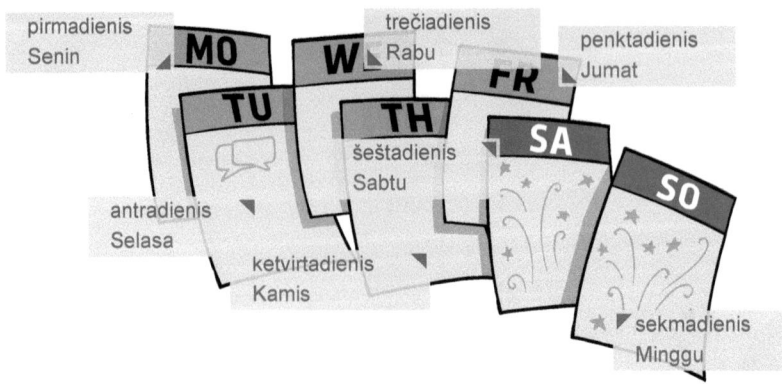

pirmadienis
Senin

trečiadienis
Rabu

penktadienis
Jumat

antradienis
Selasa

šeštadienis
Sabtu

ketvirtadienis
Kamis

sekmadienis
Minggu

vakar

kemaren

šiandien

hari ini

rytoj

besok

rytas

pagi

vidurdienis

siang

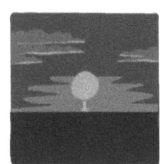

vakaras

malam

darbo dienos

hari kerja

savaitgalis

akhir minggu

metai
tahun

lietus
hujan
vaivorykštė
pelangi
sniegas
salju
vėjas
angin
pavasaris
musim semi
ruduo
musim gugur
vasara
musim panas
žiema
musim dingin

4.APRIL 11°
5.APRIL 4°
6.APRIL 13°
7.APRIL 8°
8.APRIL 10°

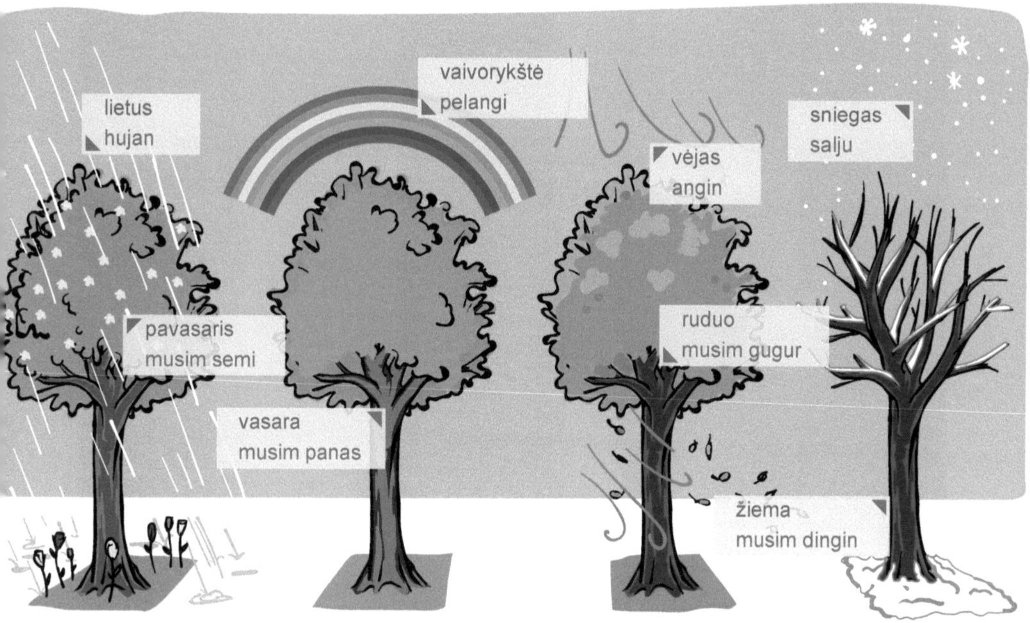

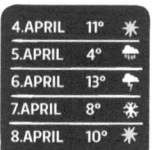

orų prognozė

ramalan cuaca

F C
120 90 60 30 0 -30
40 30 20 10 0 -10 -20

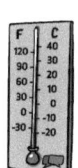

lauko termometras

termometer

saulės šviesa

matahari

debesis

awan

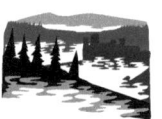

rūkas

kabut

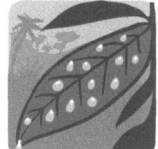

drėgmė

kelembahan

žaibas
kilat

griaustinis
guntur

audra
badai

kruša
hujan es

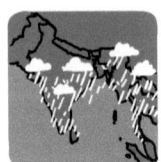

musonas
monsun

potvynis
banjir

ledas
es

sausis
Januari

vasaris
Februari

kovas
Maret

balandis
April

gegužė
Mei

birželis
Juni

liepa
Juli

rugpjūtis
Agustus

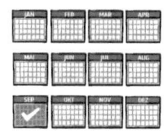

rugsėjis

September

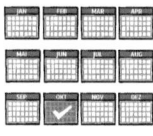

spalis

Oktober

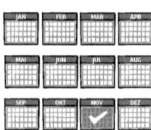

lapkritis

November

gruodis

Desember

apskritimas

lingkaran

kvadratas

persegi

stačiakampis

persegi panjang

trikampis

segi tiga

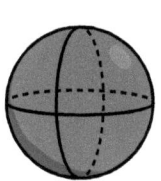

sfera

bola

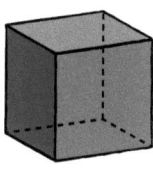

kubas

kubus

balta

putih

geltona

kuning

oranžinė

oranye

rožinė

pink

raudona

merah

violetinė

ungu

mėlyna

biru

žalia

hijau

ruda

coklat

pilka

abu-abu

juoda

hitam

daug / mažai

banyak / sedikit

piktas / ramus

marah / tenang

gražus / bjaurus

cantik / jelek

pradžia / pabaiga

mulaih / selesai

didelis / mažas

besar / kecil

šviesus / tamsus

terang / gelap

brolis / sesuo

saudara laki-laki / saudara
perempuan

švarus / purvinas

bersih / kotor

užbaigtas / neužbaigtas

lengkap / tidak lengkap

diena / naktis

hari / malam

miręs / gyvas

mati / hidup

platus / siauras

luas / sempit

valgomas / nevalgomas

dapat dimakan / tidak dapat dimakan

piktas / malonus

jahat / baik

linksmas / nuobodus

bersemangat / bosan

storas / plonas

gemuk / kurus

pirmiausia / paskiausia

pertama / terakhir

draugas / priešas

teman / musuh

pilnas / tuščias

penuh / kosong

kietas / minkštas

keras / lembut

sunkus / lengvas

berat / enteng

alkis / troškulys

lapar / haus

ligotas / sveikas

sakit / sehat

nelegalus / legalus

ilegal / legal

protingas / kvailas

cerdas / bodoh

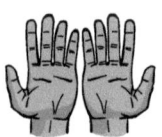

kairė / dešinė

kiri / kanan

arti / toli

dekat / jauh

naujas / naudotas
baru / bekas

niekas / kažkas
tidak ada apapun / sesuatu

senas / jaunas
tua / muda

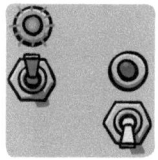

įjungta / išjungta
nyala / mati

atidaryta / uždaryta
buka / tutup

tylus / garsus
tenang / keras

turtingas / vargšas
kaya / miskin

teisus / neteisus
benar / salah

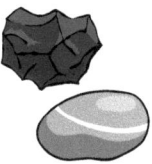

šiurkštus / švelnus
kasar / halus

liūdnas / laimingas
sedih / gembira

trumpas / ilgas
pendek / panjang

lėtas / greitas
pelan-pelan / cepat

drėgnas / sausas
basah / kering

šiltas / šaltas
hangat / sejuk

karas / taika
perang / damai

0

nulis

nol

1

vienas

satu

2

du

dua

3

trys

tiga

4

keturi

empat

5

penki

lima

6

šeši

enam

7

septyni

tujuh

8

aštuoni

delapan

9

devyni

sembilan

10

dešimt

sepuluh

11

vienuolika

sebelas

12

dvylika
duabelas

13

trylika
tigabelas

14

keturiolika
empatbelas

15

penkiolika
limabelas

16

šešiolika
enambelas

17

septyniolika
tujuhbelas

18

aštuoniolika
delapanbelas

19

devyniolika
sembilanbelas

20

dvidešimt
duapuluh

100

šimtas
seratus

1.000

tūkstantis
seribu

1.000.000

milijonas
juta

anglų

Inggris

amerikiečių anglų

bahasa Inggris Amerika

kinų (mandarinų)

bahasa Cina Mandarin

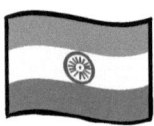

hindi

bahasa Hindi

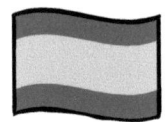

ispanų

bahasa Spanyol

prancūzų

bahasa Perancis

arabų

bahasa Arab

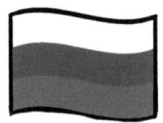

rusų

bahasa Rusia

portugalų

bahasa Portugis

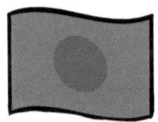

bengalų

bahasa Bengal

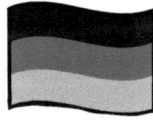

vokiečių

bahasa Jerman

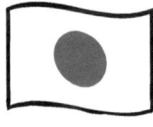

japonų

bahasa Jepang

aš

saya

tu

kamu

jis / ji

dia

mes

kita

jūs

kalian

jie

mereka

kas?

siapa?

ką?

apa?

kaip?

begaimana?

kur?

dimana?

kada?

kapan?

vardas

nama

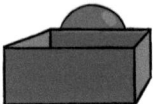

už
....
dibelakang

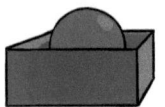

kur (vieta)
....
di

priešais
....
didepan

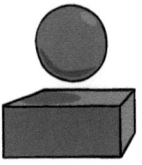

virš
....
diatas

ant
....
diatas

po
....
dibawah

prie
....
sebelah

tarp
....
di antara

vieta
....
tempat